新疆维吾尔自治区
绿色公路建设技术指南

新疆交通科学研究院有限责任公司
新疆交投建设管理有限责任公司

人民交通出版社股份有限公司
北京

图书在版编目(CIP)数据

新疆维吾尔自治区绿色公路建设技术指南 / 新疆交通科学研究院有限责任公司，新疆交投建设管理有限责任公司主编. — 北京 : 人民交通出版社股份有限公司，2023.2

ISBN 978-7-114-18150-4

Ⅰ.①新… Ⅱ.①新… ②新… Ⅲ.①道路工程—道路建设—新疆—指南 Ⅳ.①U41-62

中国版本图书馆 CIP 数据核字(2022)第 145278 号

Xinjiang Uygur Zizhiqu Lüse Gonglu Jianshe Jishu Zhinan

书　　名:**新疆维吾尔自治区绿色公路建设技术指南**
著 作 者:新疆交通科学研究院有限责任公司
新疆交投建设管理有限责任公司
责任编辑:黎小东
责任校对:赵媛媛
责任印制:张　凯
出版发行:人民交通出版社股份有限公司
地　　址:(100011)北京市朝阳区安定门外外馆斜街 3 号
网　　址:http://www.ccpcl.com.cn
销售电话:(010)59757973
总 经 销:人民交通出版社股份有限公司发行部
经　　销:各地新华书店
印　　刷:北京市密东印刷有限公司
开　　本:880 × 1230　1/16
印　　张:1.75
字　　数:36 千
版　　次:2023 年 2 月　第 1 版
印　　次:2023 年 2 月　第 1 次印刷
书　　号:ISBN 978-7-114-18150-4
定　　价:50.00 元
(有印刷、装订质量问题的图书由本公司负责调换)

前　　言

根据交通运输部《关于实施绿色公路建设的指导意见》《关于进一步做好实施绿色公路建设和推进公路钢结构桥梁建设相关工作的通知》《关于全面深入推进绿色交通发展的意见》《绿色交通"十四五"发展规划》及自治区交通运输厅《新疆绿色交通"十四五"发展实施方案》的有关要求，结合近年来新疆在干旱荒漠、盐渍土、风吹雪、高原高海拔等地区公路建养研究成果，总结交通运输部第三批绿色公路示范工程京新高速公路（G7）巴里坤至木垒段经验做法，特制定本指南。

本指南共8章，分别为：1 范围；2 引用文件；3 术语、定义和缩略语；4 总则；5 绿色规划设计；6 绿色施工；7 绿色运营与养护；8 绿色公路评价。

本指南解释权归新疆交通科学研究院有限责任公司，请有关单位在实践中注意总结经验，及时将发现的问题和修改意见函告新疆交通科学研究院有限责任公司（地址：乌鲁木齐市沙依巴克区经一路17号，邮编：830000，电话：0991-5280701），以便修订时参考。

编 写 单 位： 新疆交通科学研究院有限责任公司
新疆交投建设管理有限责任公司

主　　　编： 赵祥辉　袁波波　叶　琴
主要参编人员： 艾尼瓦·艾合买提　徐亚峰　赵志林　徐献军
李　杰　付　晓　甫尔海提·艾尼瓦尔

目　　录

1　范围

本指南规定了新疆绿色公路规划设计、施工、运营与养护应遵循的技术要求及评价方法。

本指南适用于新疆新建、改扩建的二级及以上等级公路，其他等级公路可参照使用。

2 引用文件

下列文件对于本指南的应用是必不可少的。凡是注日期的引用文件,仅注日期的版本适用于本指南。凡是不注日期的引用文件,其最新版本(包括所有的修改单)适用于本指南。

2.1 法律法规及相关规定

(1)《中华人民共和国环境保护法》

(2)《中华人民共和国水土保持法》

(3)《中华人民共和国环境影响评价法》

(4)《中华人民共和国水污染防治法》

(5)《中华人民共和国大气污染防治法》

(6)《中华人民共和国噪声污染防治法》

(7)《中华人民共和国固体废物污染环境防治法》

(8)《建设项目环境保护管理条例》

(9)《新疆维吾尔自治区环境保护条例》

(10)《新疆维吾尔自治区大气污染防治条例》

(11)《新疆维吾尔自治区“三线一单”生态环境分区管控方案》(新政发〔2021〕18号)

2.2 相关技术标准

GB 3096　声环境质量标准

GB 50118　民用建筑隔声设计规范

GB 50176　民用建筑热工设计规范

GB 50189　公共建筑节能设计标准

GB/T 16453.2　水土保持综合治理　技术规范　荒地治理技术

GB/T 19095　生活垃圾分类标志

JTG B04 公路环境保护设计规范

JTG D20 公路路线设计规范

JTG D30 公路路基设计规范

JTG/T D31 沙漠地区公路设计与施工指南

JTG D50 公路沥青路面设计规范

JTG D60 公路桥涵设计通用规范

JTG 3370.1 公路隧道设计规范 第一册 土建工程

JTG/T D70/2-01 公路隧道照明设计细则

JTG/T D70/2-02 公路隧道通风设计细则

JTG/T 3610 公路路基施工技术规范

JTG/T 3650 公路桥涵施工技术规范

JTG/T 3660 公路隧道施工技术规范

JTG H10 公路养护技术规范

JT/T 646(所有部分) 公路声屏障

JT/T 1199.1 绿色交通设施评估技术要求 第1部分:绿色公路

DB65/T 4185 公路雪害防治技术规范

《绿色公路建设技术指南》(人民交通出版社股份有限公司,2019.12)

《新疆维吾尔自治区公路施工标准化手册 第一册 工地建设》(人民交通出版社股份有限公司,2015.6)

3 术语、定义和缩略语

3.1 术语、定义

3.1.1 绿色公路

在公路的全寿命周期内，以创新、协调、绿色、开放、共享为发展理念，最大限度地控制资源占用、降低能源消耗、减少污染排放、保护生态环境，注重建设品质提升与运行效率提高，为公众提供安全、舒适、便捷、美观的行车环境，与自然和谐共生的公路。

3.1.2 绿色设计

将可持续发展理念融入公路的设计阶段，开展全寿命周期技术经济论证及环境影响分析，在满足公路使用功能要求的基础上，充分考虑公路在施工建设、运营养护阶段可能对环境、资源造成的影响，采取科学、合理、灵活的设计措施，促进公路向更节能、更环保、更安全、更舒适的方向发展。

3.1.3 绿色施工

在保证公路工程质量、安全等基本要求的前提下，通过新材料、新工艺、新技术、新设备的应用和管理创新，最大程度地保护生态环境、提高资源利用效率、降低能源消耗和减少污染物排放的施工活动。

3.1.4 绿色运营与养护

以全寿命周期的理念，运用科学运营管理手段和先进检测、维修技术，在保证公路运营安全、通行效率与养护质量的同时，显著降低资源占用、减少环境污染和能源消耗，实现公路长期高水平运营，同时向公众提供更安全、更舒适、更便捷、更美观通行环境的公路运营、养护、日常维修等活动。

3.1.5 环境敏感区

主要指需特殊保护地区、生态敏感与脆弱区和社会关注区等，包括国家公园、自然保护区、风景名胜区、世界文化和自然遗产地、饮用水水源保护区、基本农田、基本草原、自然公园（森林公园、地质公园）、重要湿地、天然林，重点保护野生动物栖息地，重点保护野生植物生长繁殖地，重要水生生物的自然产卵场、索饵场、越冬场和洄游通道，天然渔场，水土流失重点预防区和重点治理区、沙化土地封禁保护区等。

3.2 缩略语

BIM：建筑信息模型(Building Information Modeling)

GIS：地理信息系统(Geographic Information System)

LED：发光二极管(Light Emitting Diode)

P-AD：污水生化耦合脱氮除磷技术

“四新”：新工艺、新技术、新材料、新设备

“四小”：小发明、小创造、小设计、小革新

4 总则

4.1 绿色公路建设理念

4.1.1 低碳发展理念

积极落实国家碳达峰、碳中和目标对公路领域的要求，推动系统性深层次变革，明晰公路交通基础设施全寿命周期碳排放减排目标和技术管理路径，采取节能降碳技术或措施，推动公路高质量发展，建设天蓝地绿水清的“美丽新疆”。

4.1.2 全寿命周期成本理念

从公路工程建设、管理、养护、运营全寿命周期来看，不但注重项目的建设成本，还要注重后期养护运营成本；从社会和环境大系统来看，不但注重项目自身成本，还要注重社会成本和环境成本。

4.1.3 集约利用资源理念

公路建设过程中要坚持可持续发展、循环集约利用资源的理念，秉承“高效循环利用”原则，正确处理好资源节约和公路建设的关系，推进资源能源循环利用，提高利用效率，减少资源能源消耗总量和废物产生量，追求以少的资源占用，获得更多的服务和功能。

4.1.4 生态保护理念

坚持人与自然和谐共生，落实生态保护红线、环境质量底线、资源利用上限和生态环境准入清单管控要求，结合新疆荒漠、草原、森林、绿洲等区域环境和工程特点，做好生态、大气、水土、噪声等方面的环境保护工作，荒漠区域应重点做好水土保持，草原、森林、绿洲区域应重点关注环境敏感区的避让。

4.1.5 绿色创新理念

强化绿色创新驱动，推动理念创新、技术创新、管理创新和制度创新，推进生态保护修复、水气污染防治、能源高效利用和新能源利用、施工信息化标准化建设，推广绿色低碳新工艺、新技术、新材料和新设备。

4.2 新疆绿色公路建设目标

新疆为典型的温带大陆性干旱气候，北部为阿尔泰山，南部为昆仑山系，天山横亘于新疆中部，把新疆分为南北两半，南部是塔里木盆地，北部是准噶尔盆地。新疆地域文化特色多元，沙漠、森林、草原、冰雪等旅游资源丰富，区域风、光资源优势突出，公路建设普遍存在区域生态环境脆弱敏感、环境保护要求高的特点。因此，公路建设更应强化绿色公路理念，以最少的资源占用、最小的能源耗用、最低的污染排放、最轻的环境影响，获得最优的建设品质和最高的运行效率，实现外部刚性约束与公路内在供给之间最大限度均衡、地域特色突出的公路建设工程。新疆绿色公路建设目标为：

(1)高效能、高效率、高效益。高效能要求整个寿命周期通过综合运用各种绿色技术和措施，达到整体工作效率和服务能力的最大化。高效率要求最有效地使用自然、社会及经济资源，为绿色公路带来最大程度的利用，达到资源配置效率最优。高效益要求以最小的生态资源代价获得可持续发展的最大利益，实现经济效益、社会效益和环境效益的有机统一。

(2)低消耗、低排放、低污染。低消耗要求具有节能、低能耗等优点，从材料使用的角度，绿色公路所采用的是可再生材料或者是可降解材料，能进行循环利用。低排放要求建设过程中能够对各种资源进行循环利用，少排放污染物甚至可以达到零排放。低污染要求注重生态的平衡，是在环境承载力之内进行的，其设计和施工不能以破坏大自然、破坏地表结构、破坏生物多样性为代价。

(3)全寿命、全要素、全方位。全寿命要求坚持系统论的思想，将绿色理念与技术贯穿规划、设计、建设、运营、养护等整个寿命周期的各个阶段。全要素要求综合考虑各方面要素，将“节能、高效、环保、健康”的绿色要求贯彻到公路建设设计施工全过程。全方位要求绿色公路除了主体工程建设和维护要全面运用绿色理念与技术外，还要为绿色运输、安全运营创造必要条件。

5 绿色规划设计

5.1 总体要求

5.1.1 规划应与城镇空间、生态空间、农业空间,城镇开发边界、永久基本农田、生态保护红线相协调,保障规划实施与生态保护要求相统一。按照“统筹规划、合理布局、集约高效”原则,统筹利用综合运输通道线位、土地、空域等资源,避免土地资源分割与浪费。

5.1.2 应遵循现行有效的公路设计规范等相关技术要求,通过但不限于优化选线、生态环保、资源节约、节能低碳、交旅融合、新技术应用等,提升绿色设计水平。

5.1.3 应推行生态环保设计和生态防护技术,重点加强对自然地貌、原生植被、表土资源、湿地生态、冰川、农田、野生动物等方面的保护。

5.1.4 宜合理利用公路沿线风、光资源,因地制宜在服务区、收费站、边坡、隧道口等布设风力发电、光伏发电设施。

5.1.5 应推广废旧沥青、钢材、水泥等材料再生和循环利用,应推广粉煤灰、煤矸石、矿渣、钢渣等工业废料的综合利用,实现资源高效循环利用。高速公路、普通国省干线公路废旧沥青路面材料循环利用率分别达到95%和80%以上。

5.1.6 应强化美学设计,充分挖掘公路沿线区域的文化资源、旅游资源,提出地域特色突出的设计方案,做到线形流畅,路景相融。

5.1.7 应推广 BIM + GIS 等技术在公路建设中的应用,拓展 BIM 技术在结构物建模、精细化质量管理、远程实时监控、模拟施工组织等全寿命周期中的应用。

5.2 路线

5.2.1 公路选线

(1)公路、铁路、管道等基础设施宜尽量共用通道,改扩建工程应充分利用既有走廊和原有设施,推进通道资源共同利用。

(2)应科学论证走廊带和主要控制点,尽可能避绕环境敏感区。因工程条件和自然因素限制，确需穿越的，应进行多方案比选论证，优先选择生态影响最小的方案。

5.2.2 线形设计

(1)应按照平原、荒漠、丘陵、山地、河谷等不同地形地貌和环境特征，灵活应用平纵面指标，使路线与地形、地物、环境和景观相协调，并与纵面线形和横断面相互配合，保持线形的连续性与均衡性。

(2)戈壁荒漠区应根据驾驶员的视觉和心理需求，采用行驶舒顺、协调安全的长直线接大半径平曲线线形，并结合运行速度检验安全性。

(3)风吹雪、沙漠地区纵断面线形应与路段积雪、风沙地貌、地形、地物相适应，设计成视觉连续、平顺的线形。

(4)山岭重丘区项目，可通过反复调整优化平纵指标，避免高填深挖，使土石方填挖平衡。

(5)风吹雪、沙漠地区应合理设计路基断面形式，使风吹雪、风沙流非堆积越过路基。

5.3 路基路面

5.3.1 路基填挖

(1)应合理控制路基填挖，统筹土方调配，减少设置取土场、弃渣场，着力实现"零弃方、少借方"。

(2)戈壁荒漠区路基宜采用低路堤。沙漠地区高大复合型沙垄或复合型沙丘链地段，路堤高度应以填方略大于挖方或填挖平衡为原则。

(3)风吹雪、沙漠地区路基填挖高度应按照风吹雪、风沙流非堆积越过路基最小高度控制。

(4)山区公路建设应做好路堤与桥梁、路堑与隧道方案比选，防止因大填大挖加剧水土流失。当填方高度大于20m或挖方深度大于30m时，应结合占用土地情况进行桥隧方案技术经济比选。

5.3.2 路基排水

(1)应将隔离栅、边坡、边(排水)沟作为一个整体，通过地形恢复整治、生态设计，打造融入自然的公路防排水系统。

(2)降雨量较多地区可采取浅碟形植草土边沟等生态边沟形式，实现路基排水与坡面防护相协调。

(3)风吹雪、沙漠地区排水边沟应采用流线宽浅形，减轻积雪、积沙程度。

5.3.3 边坡防护

(1)边坡生态防护可采用直接喷播绿化防护、三维网喷播绿化防护、客土喷播绿化、植生袋绿化防护、土工格室绿化防护等技术，降低圬工防护对生态与景观的影响。

(2)风沙地区应因地制宜选用经济合理的防护材料，可采用柴草类固沙方格、把式草方格、人工生态林等固沙方法。

5.3.4 节地节材

(1)耕地集中分布区域，宜采取以桥代路、路基挡土墙、节地型排水沟、压缩护坡道和碎落台宽度等措施，减少占地数量。

(2)路基路面材料应就地取材，沙漠地区应充分利用沿线风积沙，戈壁地区应充分利用沿线的砂砾石料，工业企业分布较近地区应加大工业废渣利用。

(3)应充分考虑新疆高寒、大温差等特殊气候，开展路面结构与材料一体化设计，使材料性能与路面结构相匹配，可采用高黏高弹沥青混凝土、聚合物水泥混凝土、轻质混凝土、温拌沥青混合料、复合改性沥青等路面材料，提高长期使用性能，实现节能降碳。

(4)在适应交通需求的情况下，居民集中分布区路段宜采用降噪沥青路面。

5.4 桥梁

5.4.1 桥型方案比选既应考虑建设期经济性，还应考虑技术合理性、养护便利性、循环利用残值等全寿命周期成本因素。

5.4.2 桥梁设计中应融入工程美学和景观设计，综合桥型选择和孔跨布置，注重梁、墩、台、附属结构等细节，体现工程与自然、人文的和谐。

5.4.3 应注重结构设计体系化、结构构件标准化、加工制作自动化、现场安装装配化、建造运维信息化、拆除部件再利用化。

5.4.4 应积极推广钢结构、装配式结构等适宜工业化建造的桥梁结构形式。

5.4.5 纵、横坡陡峭的山区路段，应对墩台施工方案进行单独设计，合理设置墩台、系梁高程，减少边坡扰动。穿越环境敏感区段应尽量减少桥墩数量。

5.4.6 湿地路段应适当提高桥涵比例和桥涵构造物的过洪能力，保持区域水力联系，防止湿地退化。

5.4.7 应推广应用高性能混凝土等新材料，结合冬季除雪实际，增加桥面及桥梁护栏等设施耐腐性设计。

5.5 隧道

5.5.1 隧道选址应充分考虑区域工程地质、水文地质、地形地貌、气象条件等要素，避免穿越地下水丰富区域。

5.5.2 线形

(1)平面线形应综合考虑地形、地质、洞口接线、通风、车辆运行安全和施工条件等因素,采用直线或较大半径的曲线。

(2)纵断面线形应综合考虑行车安全、排水、通风、防灾等因素,最小纵坡值应不小于0.3%,最大纵坡值一般控制在3%以下。在特长、长隧道中,最大纵坡值宜控制在2.5%以下。

5.5.3 洞口与洞门

(1)针对隧址周边地形特点,应综合考虑安全、环保、美观、经济、排水等因素,遵循“早进洞,晚出洞”的原则,选择洞口位置,避免在洞口形成高边坡或高仰坡。

(2)洞门应充分利用自然光。洞口减光可采取绿化带、遮光棚以及通透式棚洞等方式。

5.5.4 隧道通风方案应首先考虑自然通风的可行性,隧道照明方案宜采用LED等节能灯具、精细化照明调光控制技术。

5.5.5 景观设计应与周边环境相协调,并缓和驾乘人员进入隧道时的紧张感。特长隧道可进行景观照明、亮化工程等设计,缓解驾驶员视觉疲劳。

5.5.6 隧道洞渣应综合利用,可作为路基填料、取土坑回填料、沥青路面集料及混凝土集料等。

5.6 交叉

5.6.1 互通式交叉应选用合理的形式,做到规模适当、布局紧凑,控制用地规模。

5.6.2 应论证将公路服务设施或收费、监控通信及养护等管理设施布设在互通交叉用地范围内的可行性。占用耕地数量较大的互通交叉可通过设置机耕通道、匝道桥梁化等方式,为交叉区内耕地的耕作提供条件。

5.6.3 应从交叉的选型、路基边坡坡面修饰和交叉区内绿化等方面,提升互通整体美感。

5.6.4 风景区、路堑及城镇路段上跨桥梁应结合现场环境及地形条件,做到既能满足功能需求,又能顺应周边地势,实现桥梁与周边生态环境的融合,有条件的可进行景观设计,做到“造型美、生态美、人文美”。

5.7 交通工程及沿线设施

5.7.1 交通工程

(1)风景道、旅游公路应开展交通标识体系设计。

(2)应推广使用能耗低、亮度高、视认性好的全天候级的主动发光标志。

(3)应推广使用低挥发性有机物(VOC)排放量的双组分标线材料、树脂类预成型标线带、自降解临时标线等。

(4)应推广使用高强、高韧、轻质、耐腐蚀、可循环利用的防护隔离设施。废旧波形梁护栏应循环利用。

(5)风吹雪影响路段宜采用太阳能视线诱导标志、反光膜视线诱导标志。

(6)监控和通信设施应充分利用5G、北斗、物联网等信息技术,实现路网运行状态的主动、全面感知。强化与公安、气象、交通等部门之间的信息共享,建立多部门信息开放与共享机制。

(7)收费设施应丰富非现金缴纳手段,提升公路出行体验。

5.7.2 沿线设施

(1)服务区、收费站、养护工区及管理中心等沿线设施选址可利用自然或人文景点。设计应展示当地的自然风光、民俗风情、红色文化等元素。

(2)建筑与节能设计应符合 GB 50176、GB 50189 的相关要求。

(3)污水处理设施的设计应充分考虑南北疆气候条件、车流量差异,鼓励采用 P-AD 生化耦合、生物膜、人工湿地等新技术开展生活污水处理。

(4)沿线设施应按照 GB/T 19095 设置生活垃圾分类收集设施,有条件的地区宜建设堆肥处理设施对厨余垃圾进行处理。

(5)应合理布局、建设加气站和充(换)电设施,丰富公众绿色出行服务。

(6)宜推广应用多媒体出行信息服务、灾害路段预警及预报、地磁停车位检测、全景监视等系统,提升服务区的智慧化水平。

(7)服务区应开展无障碍设施设计,为残疾人、老年人、伤病人、儿童等特殊群体提供便利条件。

(8)结合共享交通、定制旅游、互联网租赁等交通运输新业态新模式,服务区可设计游憩小径、旅游步道、自行车道等休闲慢行系统,提升交通旅游服务水平。

5.8 环保工程

5.8.1 应严格执行环保"三同时"(同时设计、同时施工、同时投产)制度,落实环评、水保等专项评估的工程措施,减缓环境影响。

5.8.2 对野生动物迁徙规律、生态习性产生不利影响的公路项目应设置动物通道。通道的净空应满足动物通过需求,通道周围可采取抛洒动物粪便等诱导措施。

5.8.3 声屏障设计应符合 JT/T 646(所有部分)的相关要求,通风隔声窗设计应符合 GB 50118 的相关要求。声屏障应根据所处自然环境和人文环境的不同,通过色彩、材质和造型进行景观设计。

5.8.4 跨越饮用水水源二级保护区或准保护区、Ⅱ类及以上敏感水体的桥梁应设置桥面径流水收集系统和收集池。收集池应进行防渗处理,防止事故污水渗漏污染土壤和地下水。

5.8.5 公路两侧、沿线设施可绿化区域宜进行绿化,提高交通基础设施固碳能力。应合理配置植物,同时注意乔木、灌木、草本的搭配,乔木、灌木、草本植物的选择可参考 GB/T 16453.2 中附录 A 和附录 C。

5.9 临时工程

5.9.1 选址

(1)应遵循"生态环境影响小、工程造价低、便于生态恢复"的原则。

(2)应避开水土流失严重、生态敏感与脆弱、易产生地质灾害的区域,严格控制临时占地面积,不宜占用耕地、林地和园地。

(3)施工便道可与农村公路、桥梁维修便道、隧道应急抢险通道等建设相结合。

(4)取弃土场位置应结合当地土地利用、环保规划进行布置,弃土场应充分利用取土场、沿线废弃采坑、沉陷区等,不得随意取土、弃土。

5.9.2 措施设置

(1)施工便道应依据安全和排水的需要设置截排水沟、护坡、挡土墙等防护措施。

(2)取土场应结合区域地形、降雨条件等采取削坡开级、截排水等措施。弃渣场应遵循"先拦后弃"的原则,结合弃渣场等级、区域地形和降雨条件等,采取挡渣墙、截排水等措施。

(3)临时用地的恢复宜与土地整理相结合,做好复耕利用方案设计。

6 绿色施工

6.1 总体要求

6.1.1 应遵循现行有效的公路施工规范等相关技术要求，通过管理创新、标准化和信息化施工、资源节约、节能低碳等，提升绿色施工水平。

6.1.2 应严格开展施工过程的管理和监督。科学组织施工，加强对高温、低温施工的管理。严格落实环保措施，降低施工对环境的影响。推广公路建设期环保管家服务等环境管理新模式，根据施工期环境监理与监测、水土保持监理与监测结果，及时调整绿色公路实施方案。

6.1.3 应开展绿色施工宣传和培训。创新宣传方式，定期开展培训，总结绿色施工实施经验，营造绿色施工氛围，增强参建单位绿色建造责任意识，提升绿色施工管理水平。

6.1.4 应推进施工标准化和工业化建造。建立标准化施工长效机制，实现工地标准化和工艺标准化。鼓励工程构件生产工厂化与现场施工装配化，注重工程质量，提高工程耐久性，实现工程内外品质的全面提升。

6.1.5 应推进管理信息化。加快北斗、5G、物联网等信息技术应用，有效提升建设管理智能化水平，推广建设期能耗和碳排放监测管理，科学评估项目建设期能耗和碳排放水平。

6.1.6 应强化永临结合，临建设施优先利用沿线设施用地、路基永久用地。

6.1.7 施工现场生产、生活用水应采用节水型用水器具，在水源处应张贴明显的节约用水标识。

6.1.8 施工现场材料应堆放有序，保管制度健全。增加模板、脚手架等的周转次数。

6.1.9 应实施施工机械节能准入制度，加快淘汰高能耗、高排放的老旧工程机械，鼓励采用使用天然气、电力等清洁能源的施工机械。施工现场主要耗能设备应制订节能措施，张贴节能标识。

6.1.10 临时设施应合理进行保温隔热、采光、通风等设计，推广太阳能、风能在临时设施中的应用。

6.2 路基路面

6.2.1 应控制路基清表范围及厚度，路基挖方清表时，不应清除公路红线内坡口线外的植被；互通立交区清表时，不应清理主线与匝道路基用地范围外的植被。荒漠地区应避免破坏红线范围外的植被和地表硬壳。

6.2.2 路基清表土应优先集中堆存于互通立交区、服务与管理设施区等公路永久用地范围内，后期用作绿化用土、复垦土等。

6.2.3 路基填筑和边坡开挖应与防护、排水、绿化等工程同步施工，深路堑施工应遵循“开挖一级、排水一级、防护一级、绿化一级”的原则，减少施工过程中水土流失。

6.3 桥梁

6.3.1 跨越敏感水体桥梁基础宜采用沉入桩、灌注桩等形式，减少对河床或湖库底的扰动影响。

6.3.2 涉水桥墩桩基施工周围宜设置围油栏，防范施工机械跑冒滴漏形成油污染。泥浆水宜设置沉淀池进行处理，上清液用于场地洒水抑尘。

6.3.3 宜推广采用刚度较大的大面积整体模板，根据模板实际情况采用液压或机械安拆方式，提高机械化程度。

6.4 隧道

6.4.1 应选择合理的进出洞方案和开挖工艺，实现隧道洞口施工对周边环境的微扰动，最大限度减少施工对山体的破坏。

6.4.2 隧道施工排水应集中收集，环境敏感区应设置污水处理设施，其他区域可设置沉淀池，处理后用作生产用水或用于洒水抑尘等。

6.4.3 临近饮用水源点隧道施工应加强地下水监测，发现水量下降明显时，应及时采取注浆堵水等措施，控制地下水流失。

6.4.4 宜推广先进爆破工艺，隧道初期支护可采用湿喷工法，推广应用自行式液压衬砌台车、雾化养护台车、液压自行式模板台车等。

6.4.5 隧道施工应采取综合防尘措施。定时量测粉尘和有害气体浓度。钻眼作业宜采用湿式凿岩方案，干式凿岩应配备捕尘设备，出渣前可采用喷淋系统降尘。

6.4.6 应建立隧道施工人员定位、考勤、视频监控、门禁信息化管理系统，实时掌握隧道洞内作业情况。

6.5 生态环保

6.5.1 应贯彻落实野生保护植物及古树名木等原生植被的保护要求，实施就地保护或移栽利用。

6.5.2 声光污染控制

（1）应选用低噪声施工机械、设备和工艺，振动较大的固定机械设备应加装减振机座，同时加强各类施工设备的维护和保养，从源头上降低噪声源强。

（2）在居民集中分布区路段施工，应合理安排施工作业时间，尽量避免在夜间施工，采取建筑围挡、移动式或临时声屏障等实施防护。

（3）夜间强光作业应有防止强光外泄的措施，避免灯光对夜间动物活动产生惊扰。

6.5.3 大气污染控制

（1）施工场地宜实施硬化措施，四周建设围挡设施，施工便道原则上应铺设砂砾，定期洒水抑尘。拌和站应配备除尘设备，沥青拌和站应配备沥青烟尘净化设备，推行沥青拌和站油改气技术。

（2）水泥、粉煤灰、灰土、砂石等易产生扬尘的建筑材料应密闭存放或进行覆盖，长期存放的临时土堆应采用防尘网进行覆盖。

（3）建筑垃圾、土方、砂石运输车辆应采取苫盖、加装篷盖等措施防止遗撒。

6.5.4 水污染控制

（1）生活污水应集中收集处理，不外排。环境敏感区应设置一体化污水处理设施，其他区域可设置化粪池或一体化污水处理设施，化粪池应定期掏运，经一体化污水处理设施处理后的污水用于场地洒水抑尘、绿化等。

（2）生产废水应集中收集，设置三级沉淀池处理。

6.5.5 固体废物处理

（1）施工垃圾、生活垃圾应分类收集存放，运输消纳应符合相关规定。

（2）施工过程中产生的有毒有害废弃物应回收后交由有资质的单位处理，不应作为建筑垃圾外运。

6.6 临时工程

6.6.1 标准化建设

应符合《新疆维吾尔自治区公路施工标准化手册　第一册　工地建设》中驻地、临设建设标准化相关要求。

6.6.2 生态恢复

(1)结合当地需求,临时设施可重复利用的应及时移交给当地。

(2)临时用地使用完毕,应结合当地的植被条件、地形地貌等进行恢复。绿洲、草原等区域应覆土后撒播草籽;荒漠等区域应进行土地平整,采用砂砾石覆盖碾压形成地表硬壳;沙漠等区域应进行土地平整,采用柴草类固沙方格、把式草方格等覆盖固沙;使用耕地的应复垦为耕地。

7 绿色运营与养护

7.1 总体要求

7.1.1 应推行绿色公路设施数字化、养护专业化、管理现代化、运行高效化、服务优质化,提高养护管理能力和水平。

7.1.2 应树立绿色养护理念,健全绿色养护管理制度,加强绿色养护技术的研发,推广“四新”“四小”科技成果。

7.2 运营

7.2.1 公路沿线设施应运行有效,对公路运营期交通量及环境质量进行跟踪监测,噪声超标时应采取声屏障等降噪措施,污水排放不达标的应实施环保提标升级改造。

7.2.2 应制订危化品突发事件应急预案,配备相关人员和物资,并定期演练。

7.2.3 宜建立覆盖互通立交、长大桥隧、坡路、多雾路段、服务区等重点区域的监测体系,重点实现重大事件的主动预测和自动报警。宜建立综合养护管理系统,提升养护业务的信息化管理水平。

7.2.4 宜利用短信平台、门户网站、微信、微博等新媒体手段,构建公益服务与个性化定制服务相结合的公路出行信息服务体系,引导公众高效、便捷、舒适出行。

7.3 养护

7.3.1 应采用节能、环保材料和施工工艺。冬季养护作业应推广环境友好型融雪剂材料,以及冷拌和料修补法、微波除雪技术等。

7.3.2 应推广新能源、清洁能源在公路养护装备中的应用,合理配置养护作业机械设备,提高使用率,降低单位能耗。

7.3.3 应加强边坡、隧道洞口、沿线设施等绿化养护。

7.3.4 养护施工及保洁作业应制订有效的降噪、除尘措施,防治扬尘污染。

8 绿色公路评价

绿色公路评价是测度绿色公路发展的有效手段和工具,是公路行业绿色发展的风向标。为使绿色公路这个抽象的复杂系统变得可被理解、被测量,建立科学合理的绿色公路评价指标体系是开展绿色公路评价工作的基础性工作。绿色公路评价可参考 JT/T 1199.1 进行,并结合绿色公路示范工程,及时总结经验,丰富绿色公路内涵,为新疆绿色公路建设提供可复制、可推广的实践经验。